어느 세계에 당도할 뭇별

김뱅상 시집

시인의 말

틈, 사이, 공간

마술처럼 끌려들던

산비둘기 한 마리

어스름 저녁 하늘을 날아간다

떠나갔다

돌아보지 말고 미지의 세계로 향할 것.

2021년 가을

김뱅상

차 례

● 시인의 말

제1부

2020. 일인무언극 ──── 10
17:07:14:99 미소微小시간 ──── 12
삐약 삐약 ──── 13
자오선 ──── 14
20200202 ──── 16
모자 속에는 ──── 17
그늘이 필요할 때 ──── 18
버스 안에 신이 산다 ──── 20
깨진, 눈동자 ──── 22
크로스컨트리 ──── 23
말 ──── 24
맑음 ──── 26

제2부

아싸 —— 30
3은 둥글고 4는 뾰족하다 —— 31
포스트잇 —— 32
남바람꽃 —— 33
뭉클, 페니스 —— 34
벚꽃 시그니처 —— 35
참새 —— 36
철없는 대게 —— 37
낮달, 달맞이꽃, 도자기, 표정 있는 얼굴,
루메네스, 꽃무릇, 상처, 노래, 가마, —— 38
보이지 않던 것이 보이는 순간, —— 40
언제나 유효한 —— 42
등꽃 —— 44
이별 직후 —— 45
나팔꽃 —— 46
귀 —— 47
저녁놀 —— 48

제3부

Please —— 50
무빙 —— 51
알락할미새 —— 52
봄물방울꽃 —— 54
어둠의 독촉 —— 55
파동 —— 56
카푸치노 마시다 —— 58
코로나 19금 —— 59
심부름 로봇을 사 줘 —— 60
미나리 삑삑 —— 62
티핑 포인트 —— 64
파양 —— 66
폭풍 드리블 —— 67
누구의 잘못도 아니다 —— 68
코비드 19시대 즐기기 —— 70
맨몸 —— 71

제4부

카나페 이렇게도 만들어지죠 —————— 74

돔 플레이 —————— 76

변산바람꽃 —————— 77

세탁기 —————— 78

나만 모르는 —————— 80

파설초 꽃 —————— 81

다다 —————— 82

잎새달 —————— 84

모선 —————— 85

오후 네 시의 벨소리 —————— 86

호르몬그래피 —————— 88

입동 —————— 89

옅어지는 1월 —————— 90

21세기 쑥 —————— 92

새삼스레 무슨 129 —————— 93

▨ 김뱅상의 시세계 | 박동억 —————— 96

제1부

2020. 일인무언극

줌zoom을 당긴다 개나리 씀바귀 채송화 엉겅퀴 쑥부쟁이 개망초를 초대한다 사각의 창은 일인무언극을 한다 가위표시를 하고 손가락을 귀에 대며 입술에 손을 가져간다 연극의 암호는 11월에서 12월의 플랫폼 타고 오른다

*
*
*

눈만 깜빡이는 여러 개의 창

스펀지밥처럼 노랗게 떠 있는 표정들

하나의 사각 속에 또 다른 평면의 심각한 얼굴들

시들어져 가는 꽃들이 사라진다

침묵을 벗어던지고 (이어져야겠지만)

곧 돌아들어, 창을 노크하겠지

햇살 한 줌 중앙에 놓아보지만 얼어붙은 공기는 쉽게 돌아서지 않는다

긁적이다 만 사각 창 속의 그림 콜라주가 되는 12월

의 창은 더욱 하얗게 다른 세상의 달

17:07:14:99 미소微小시간

    38번 버스를 타고 가며 신세계 골프장 꼭대기에 있는 전광판을 본다17:07:14:99다 마지막에 있는 붉은 숫자가 빠르게 지나간다 어느새24다 숫자는 내 읽는 속도보다 빠르게 지나간다 눈을 맞출 수가 없다 눈 깜짝할 사이93이다 해운대 울산 1056번 버스가 전광판을 가리며 지나간다44다 내가 탄 버스는 아주 천천히 움직이지만 자리에 있는 듯하다 반대편 지나가는 버스 차창에 붉은 노을이 들고 상가들의 전면 간판에 하나둘 불이 들어온다1이다 스시선수 집 앞에 비상 깜빡이를 켠 검은색 에쿠스 차가 기다린다17이다 비상 깜빡이가 한번 껌뻑일 때마다 35 78 24다 흐린 내 시력이 초점을 맞추려고 노력한 순간88이다 전광판의 숫자는 17:07:17:09 미소시간이다 상점의 문들은 손님을 기다린다 차들은 빵빵거리며 어슬렁거린다 택시가 손님을 태우지만 갈 수 없다 신호등이 깜빡인다 가로수 벚나무들이 숨을 죽이고 있다21이다 버스가 사람들을 부려 놓고 사라진다92다 꽃은 지고 땅은 색을 잃기 시작한다33이다 사람들은 어디론가 사라진다77이다 발작의 시간은 길다3이다 발이 묶인 난 민락동을 가야 하는데 내 눈은 1분도 지나지 않은 시간 안에 알 수 없는 등식에 빠져들고 만다

삐약 삐약

 팡세가 방세로 들린다 한 달은 금세 다가오고 창문이 작은 방엔 햇살 잠깐 비췄다가 사라지고 왜 나는 창문을 열면 정원 나무들이 무성한 곳을 선택할 수 없는지 어딘가로 지랄을 떤다 파편처럼 날아가는 못, 한지랄 이지랄 박지랄 김지랄 정지랄이 받는다 똑같애 너만 그렇게 사는 게 아니야 엄마는 나를 누구냐고 묻고 대머리 여가수는 아직도 대머리가 벗겨지지 않는데 아빠는 아프다고 소리치고 미란다는 가슴이 커서 백합 줄기를 잘라서 꽂으면 또 다른 백합이 피어나는데 너는 그거 모르지 나는 백합을 좋아해서 방안 가득 채워서 눕고 싶은 마음. 방세는 팡세보다 곁에 있는 말이지 뇌는 흔들어도 흔들리지 않지 뛰어내리고 싶다는 생각, 뛰어내릴 곳이 없네 오, 지랄 같다 오늘은 팡세가 행운의 숫자 4개라도 물어다 줄까 그런데 어디로 가져다주지 창문을 깨어야겠다는 생각이 든다

자오선

　네 쪽 창문에는 창백함과 푸름이 대비를 이루는 남극과 북극이 드리운다

　극 너머에는 실루엣 커튼이 있고 원목격자무늬 창틀유리가 있고 그 너머에는 먼지 가득한 새시 창문이 있다 유리창문에 붙여둔 뽁뽁이 눈꽃마저 극의 배경이 되어주고
　약속이라도 한 듯 콜라주 되어 흐릿하게 다가오는

　실루엣의 경계선에 홀로 서 있다 아무도 없는 먼 이국에 모래알보다 작은 내가, 사각 그림 전시를 보는 듯하다 남극점 북극점이라도 찍고 싶은 것일까 반짝이는 저 눈꽃이라도 만져볼 수 있다면, 나를 확인할 수 있겠지 남극의 눈꽃이 반짝 빛난다

　격자무늬 타고 노는 남극 펭귄 커튼 주름 넘나드는 북극곰 햇살 반짝이는 눈꽃들 사이 오로라 주름 타며 경계 없이 놀고

　무대는 점점 남극이 점령하며 북극은 자리를 잃어가는

시각

  남극의 무대는 하얗게 펼쳐지고

  눈 깜짝할 사이 새 한 마리 검은 그림자 남기며 무대 위로 사라지고

  네 쪽 창문 통과하는 남극 사라지면 서서히 어둠이 지구를 덮치겠지

  내 하루의 기준이 되어준 경도

  어느 날, 자오선 바라보는 시각 놓는 순간이 오겠지

  펭귄과 곰이 놀고 있는 그 풍경 속으로 들어가겠지

20200202

한쪽 여닫이문 민다1이다 동그라미에 빠지고 싶지 않은 날이다0이다 계단 한 칸씩 내려간다1이다 두 칸의 계단은 끝없는 낭떠러지다00이다 한그루 매화나무 많은 봉오리 매달고 있다000이다 가지마다 조막손 같은 꽃봉오리 눈 뜨고 있는 천리향 나무다0000이다 핸들에 손을 올린다0이다 외길을 달린다1이다

2와 8이 만나면 망통이 되는 청량 IC에서 회차로 빠져나온다1이다 회색빛 길을 걷는다1이다 이삿짐을 가득 실은 트럭이 골목을 지나간다1이다 지폐 두 장이 바닥에 있다0이다 어딘가로 사라지는 한 장을 본다1이다 동그라미 몇 개 날린다1이다

햇살 같은 너, 이대로의 나, 많은 동그라미 어디론가 사라지는 봄,

모자 속에는

모자가 궁금할 거야, 둥글고 챙 넓은 속이

주변으로 모여든다, 휘어진 꽃나무 가지들

테두리에 잘려 나간 기둥과 창문이, 다가온다

벚꽃 몇 송이 모자 끝에, 붙는다

모자에 허리 잘린 나무들, 온다

정상에 있는 바위, 머리 위에 있고

주변으로 몰려오는, 뭉게구름

눈을 깜빡이다, 멈추어진

사진을 본다, 챙 넓은 모자에서 빠져나온 나

커다란 모자 속에 내가 있다

그늘이 필요할 때

파라솔 아래 땅강아지 한 마리 든다
모래 위에 써 놓은 ㄴ 속에서 무릎을 접는다

엉덩이 뒤로 따르는 모래 무늬
비천상이다

하얀 모래 위 반짝이는 망사천이 하늘하늘 놓여 있다

끝이 보이지 않는 무늬

땅속에서 이곳 글자 ㄴ까지
검은 쇠갑옷을 입고
뜨거운 은모래 위를 걸어온

문득, 고비사막 걸으며
샌들 끈이 빠져 맨발로 걸었던,
발바닥 뜨거워지며 온몸 열이 났던 그때
양지보다 귀했던 그늘

땅강아지 숨을 고르고 있는 중

가만히 두면
곧, 항아리 같은 엉덩이 힘으로
비천상의 무늬 그리려 무릎을 펴겠지

지금은, 그냥
그늘이 절실히 필요할 때

버스 안에 신이 산다

심야버스 막차 실내등 꺼진다
시간에 쫓긴 맘을 한 잔의 커피와 빵으로 토닥이려 한다

앞으로 세 번째 좌석에서 돌아보는 신이 있다
텁수룩한 수염에 허연 눈동자가 인상을 쓴다
변덕과 짜증이 곰팡이처럼 번져온다
폭발할 듯하다
엉덩이를 쑥, 등받이 아래로 숨어들고
커피 뚜껑을 연다
쓰쩌 쓰~ 쩌쩌
자는 척 눈을 감는다
희번덕거리는 눈동자가 상반신을 일으키며 돌아본다
종착지까지 시체놀이를 하여야 하나

실눈 뜨고 본다
암호는 늘 어두운 곳에서 시작되고
몇 개의 열쇠를 돌려본다
정신분열 공황장애 조현증
터널이 나와야 MRI라도 찍어 볼 텐데

어디쯤에 사는 신인지

중간중간 버스는 섰지만 신의 목적지는 아니었다

실내등 켜지고
한 시간 반 동안 한편의 호러영화를 보는 듯

좌석에서 일어서는 그 신은 바바리에 멋진 신사

내가 보고 느낀 것은 무엇이지

반 이상 남은 검은 커피를 들이켠다

깨진, 눈동자

왼쪽 주머니 단추 하나 으깨져 있다
찢어진 원피스 소매
눈동자 마주치는 순간 금이 간다
거울 속에 나
더 가까이 간다
쨍그랑
눈, 코, 목, 옷
빗금처럼 잘게 부서지고
더 이상 가까이 오지 마
나를 찾아 가까이
한 발 앞으로 내민다
와장창

어디론가 사라지고 마는

사라진 나
누구인가,
나는,
또
어디에서, 오는가

크로스컨트리

 손 꽉 잡고 엇박자 놓으며 이끌리듯 다리 뻗어 오르지 쉼터 지나 철쭉 위로 장미 소나무 벚나무 우듬지를 지나, 아파트 꼭대기 구름 하늘에 닿지 히프와 허리에 힘을 주며 하얗게 졸고 있는 낮달 속으로 들지 낮달 속에는 긴팔원숭이가 나의 손을 잡아주지 구름 아래를 지나는 비행기에 오르지 재수 좋게 올림퍼스로 가는 비행기를 만난 거지 신들이 살았다는 땅에 당도하지 구릉지에는 풀 한 포기 보이지 않고 그저 빠끔한 눈만 동그랗게 보이지 주변으로 바람이 그려놓은 나뭇가지 그림 희미하게 보이지 다리 뻣뻣한 우주인이 되어 하늘을 둥둥 떠다니다 내려오지

말

돛단배처럼 흔들리는 공

툭
탁자 위에 떨어지고

오는가 싶은데 누군가 낚아챈다
다시 던진다
하늘을 향해 날더니 구름 속에 숨고

공의 귀를 잡고 털을 깎는다
공이 뒷발질한다
공의 소리에 차인다

가지각색 공들이 날린다
렌즈 안에 비닐처럼 부풀어서 돌아오기를

뜨거운 공
겁 없이 프라이팬의 고기 덥석 문 고양이
획 던진다

빛을 통과한 것은 또 다른 탱탱공

날카로운 손톱이 할퀴자 바람이 빠진다

누군가 두 손으로 찢어진 공을 받아든다

공은 어디엔가 숨어 있다

맑음

　캠핑카 트렁크 열고 식판 의자 아이스박스 내린다 하늘 향해 소리치며 (웃는다) 식판 위에 케이크 피자 통닭 올린다 카메라 발 세우고 그 위에 핸드폰 올린다 동영상 누른다 배경화면은 개망초 그득한 저녁놀(이 웃는다)

　케이크 위에 초 흔들란다 포도주잔에 와인 따르며 (웃는다) 포도주병 목이 웃으며 돌아간다 쨍그랑 웃자 날개 돌아간다

　하늘이 붉게 (웃는다) 팔이 (웃는다) 옷에 붙은 고래가 (웃는다) 머리카락이 (웃는다) 어깨가 (웃는다) 맞댄 머리가 (웃는다) 어깨에 기댄 턱(이 웃는다)

　피자의 피망 먹으며 까르륵 (웃는다) 엉킨 오징어가 껴안고 (웃는다) 호두가 호호거린다 양파가 웃고 또 (웃는다) 끝이 없이 (웃는다) 모차렐라치즈가 허옇게 (웃는다) 토르티야 위에 토마토 잇몸을 드러내며 (웃는다)

　통닭 날개 그의 입속으로 사라지는 순간 날개를 단다 다

리는 소리 없이 사라지고 소스는 날개의 윤활유 난 이제 그만 먹어야 해 뻥 터지기 직전이야 (하며 웃는다)

　구멍 난 허리에 바람 술술 들어가니 춥지 하며 그가 (웃는다) 담요를 꺼내어 덮어주며 그가 (웃는다) 키스하는 혓바닥이 풍차처럼 돌아간다 뜨거운 바람이 분다

　추워도 냉커피는 먹겠다며 (웃는다) 딸꾹질 소리에 그가 (웃는다) 어깨를 감싸는 그의 손이 (웃는다) 맞닿은 체온과 체온이 (웃는다)

　웃음소리, 언덕 위 풍력발전기 세 날개를 힘차게 돌린다

제2부

아싸*

오늘은 어떤 꽃에 불 지를까

　엉킨 머리가 울타리에 길게 늘어선 화살나무 본다 화살 끝 내게로 향해 있다 그래 나를 맞혀 네가 밝아질 수 있다면, 파고드는 아픔까지도 내 것이다 흐느적거리며 걷는 붉은 나를 본다 거울이 깨져 있는 계단 내려간다 101동 앞 모서리에 두세 명 모여 담배를 피운다 연기의 터널 속으로 든다 화살 끝에서 담배연기 꽃 피어난다 수평의 세계로 이동하는 화살 박힌 몸뚱이 놓쳐버린 불의 끈, 나는 이 사이 어떤 것을 넣어야 할지 또 다른 아웃사이더에 있는 나를 본다

　울산대학병원을 향해 달리는 사이렌 소리 머리가 끼어든다

* '아웃사이더'의 줄임말.

3은 둥글고 4는 뾰족하다

도피오커피 마신다 난 왼쪽 넌 오른쪽 손잡이 잡는다 컵 반 바퀴 음표들의 높낮이 차이 휘어진 검은 선들이 응시하는 창문 때리는 비 잠깐 지나가는 것이겠지 컵과 컵 사이, 틈 비집고 올라오는 싹들이 궁금해 그런 잎들의 시간이고 싶어 햇살 꼭지 빼는 어린 새싹들처럼 사각의 모든 꼭지는 빨아보고 싶어 방향이 다를 뿐 마시는 쪽은 몇 가지 공통점을 가졌지 난 가끔 단맛이 나는 사각 케이크도 함께 주문하고 싶어 식은 밥처럼 굳어버린 얘기는 물을 부어도 보슬거리지 않잖아 내일의 얘기 미리 뜯어보지 않으련 좀 시어도 좋지 않을까 신맛 다음에 오는 맛은 우릴 다음 단계로 끌어주지 물에 에스프레소 투 샷 태울 생각은 누가 처음 했을까 서로 다른 입이 반 마디 정도의 리듬을 조율 중 도돌이표 도돌이표 되돌이표

포스트잇

  둘 셋 다리들이 비틀린다 점심을 나누고 커피를 기다린다 한 잔의 비엔나커피로 답답함을 날려 볼 요량이다 오전의 흥분이 아직 가라앉기도 전이다 달콤한 오후가 부풀어 오른다 햇살에 비친 연두 뼈들이 바람에 뒤척인다

  불은 봄바람 타고 남편 아이 친구 직장을 삼켰다 검은 재만 덩그러니 남긴 채 사라졌다 이젠 돌아갈 직장이 사라졌다 펀치를 맞아 아웃될 일도 없다 재 묻은 발 닦지도 않고 깨금발을 올려 보지만 미래는 보이지 않는다

  오늘도 뻥튀기 앞에서 뻥 터지기만 기다린다 뻥 하는 순간 비엔나에 날아갔다는 뉴스 자막이 뜰지도, 이팝꽃 박상들이 하늘에서 하얗게 떨어진다 40계단 아래 플라타너스 나뭇잎들이 박수를 친다

  밀물처럼 밀려왔다 쓸려가 버린 중앙동 앉았던 자리에 푸르고 노란 나비가 앉는다

남바람꽃

손에 손잡고 춤을 추지
스텝은 자꾸만 엉키고 꼬이지
자세를 바꾸지
마지막 무대의 배우처럼
허리 왼편으로 돌리며 휘지
우린 처음부터 탱고를 추고 싶었을지도
천진난만하게 젖힌 목선 윤곽
몸을 흔드는 뒤태의 곡선
피날레를 장식할 낭떠러지 무대
끊어질 듯 이어지는 손
횡단을 끝낸 머리 촉촉하지
사방으로 흩날리는 핏방울
뒤도 돌아보지 않고 바위 속으로 사라지지

뭉클, 페니스

  정글북 TV프로를 본다 바다에서 갓 잡아 온 문어와 소라 전복을 가마솥에 넣고 끓이는 장면에 눈이 꽂힌다 점심때가 좀 지난 시간이라 먹는 모습에 군침이 돈다 어판장에 가서 문어 한 마리를 산다 내장을 뺄까 말까 고민하다 내장은 빼고 집으로 왔다 한번 헹궈서 삶으면 된다고 했다 비닐에서 꺼내는 순간 손바닥에 느껴지는 거시기 근육의 맛, 비명도 치지 못하고 문어를 훑는다 남편이 달려오면 별스럽다 할 것이다 문어 다리가 팔을 감아 돈다 감아 돌 때마다 힘이 들어가는 그 롤링의 맛 잊어버렸던 근육의 맛이 살아난다 이 근육의 맛을 간직하고 싶다 이 맛 어떻게 어느 쪽으로 살릴까 어떻게 하면 거시기 근육 맛이 즐거울지 고민하는 시간 어느 방향으로 롤링을 해야 할지 문어에게 물어봐야겠다 단단하게 잡혀지는 근육의 맛, 무엇으로 생기는 거니

벚꽃 시그니처
— 피어싱

  작괘천 벚꽃나무 머리부터 발끝까지 뚫었다 하얀 머리는 드래드록으로 헝클어뜨리고 눈썹찌 코찌 입술찌 귀찌는 기본이다 기분이 우울해지면 잘려 나간 빈 젖꼭지에 음악 같은 찌를 한다 흐린 날은 온통 검은 몸뚱이를 밝혀줄 배꼽찌 똥꼬찌로 구색을 갖춘다 안쪽 깊숙이 숨겨둔 거시기찌는 초록 씀바귀 잎 위에 처녀 젖꼭지 같은 분홍 몽우리 단다 바람에 씀바귀 잎이 무모증을 앓고 있다 마무리는 발가락찌다 앙증맞은 기호로 넣는다 박자 놓치지 않으려 스타카토로 낙관 찍고 있다 살아 꿈틀거린다 내게로 향하는 눈들,

참새

 가지마다 오동통 영근 까만 오디의 엉덩이를 건든다 쉬이 엉덩이 내어주지 않는다 커다란 배꼽은 입안으로 들어가지 않는다 한 번에 들어가 주면 흔적을 남기지 않으련만 내 작은 입이 문제다 오디를 쫄 때마다 붉은 것이 내 눈이며 코며 입이며 사방으로 튕긴다 처음에는 뒤로 물러났지만 쫄수록 달달한 내음 끌렸다 이 맛이 내게 처음이란 것이다 나도 처음이고 저도 내가 처음일 것이고 놀라지 않아야 할 것인데 살살 다룬다 조심해도 뽕나무 줄기에는 첫 생리혈처럼 화사하게 피어난다 거기까지면 다행이다 첫 경험할 때처럼 온 바닥이 핏빛으로 물들었다 주위 사람들이 내 기쁜 목소리에 쳐다본다 보고도 아무 말도 않는다 보는 데서 먹는 맛은 얼마나 스릴 넘치는지 몰라 허가받은 도둑처럼 당당히 걸터앉아서 내 것인 양 먹는 맛이라니 마시멜로보다 말랑하고 달달한 기분 좋은 맛이야 질펀하게 떠들고 놀다간 흔적은 남겨 두어야지 뽕밭의 추억으로

철없는 대게

　간판을 본다

　그래, 참 철도 없지 철이 없으니 천정부지 모르고 뛰지 철이 들어 무거우면 어떻게 뛸 수 있겠어 아무것도 모르는 7살 아이들처럼 서로 집게발을 앞세우며 싸우기나 하지 내 팔뚝 굵다고 힘자랑하는 것도 아니고 어쩜 철이 없어 여름에도 가을에도 겨울에도 붉은 웃통을 내보이며 돌아다니지 무엇이든지 때가 있는 법이지 때는 무슨 때 우린 신사 지갑처럼 몸이 매꼬롬하여 때도 없지 오늘 봄이면 내일은 시즌이지 애인 앞에서 신사의 뒷주머니를 움켜잡는 것은 이치지 텅 빈 몸속은 물로 가득 채워 무게를 늘리지

　간판 아래 철쭉이 피식피식 웃으며 신문을 본다

낮달, 달맞이꽃, 도자기, 표정 있는 얼굴, 루메네스, 꽃무릇, 상처, 노래, 가마,

키보다 큰 소나무들이 불 속을 향해 뛰어든다
희미한 것이 목구멍에 걸린다
서성이다 발길을 멈추고 거울을 본다
잘린 팔다리에 마취제를 투약한다
두 마리 나비가 피아노 뚜껑 앞을 날아다니는
불꽃의 무게가 영혼을 저울질한다

기다리다 구피를 본다
오늘은 새끼를 낳겠지
높낮이 없는 말은 가을 호수다
바람이 불어와 아주 잠시 웃는다
조각 같은 나를 기억해 줘

기울어진 그의 옆얼굴 본다
오른쪽 코 옆에 붙은 점이 보이지 않는다
골판지 네모 달이 바람과 함께 연주를 한다
노란 위스키 글라스 두 잔 중앙에 놓여 있다
긴 황금 똥이 나오도록 기다려야 해
구근은 썩어 문드러질지도 몰라

희미한 것은 뒷면이 어두워지는 순간 몸을 드러낸다

보이지 않던 것이 보이는 순간,

창문 틈 사이로 어슴푸레하게 다가오는 이른 아침 풍경을 훑는다

산과 바위 닿을 듯 창문 밖에 와 있고 곡선으로 이어진 흐린 평원, 아무 곳에나 놓인 듯한 사각 읍면사무소, 희미하게 누워있는 저두 출렁다리 위 바잘 모자 쓴 개미들 오가는, 시간들

딸기 샌드위치 속에 든 검은깨 샐러드를 바라보는, 커피를 마시다가 치즈크림빵을 바라보는, 프루트칵테일 사이로 빼꼼 내미는 얼굴 하나, 계란 덮어쓴 행운목이 가져 주는, 꽃망울 전구가 상처처럼 다가오는, 찹쌀떡 전등 분위기 잡는, 순간들

벚나무 나목들 사이 초초하게 서 있는 은행나무 잎들이 햇살에 막 휘날리는 순간, 흰색 티볼리 따라가는 노랑나비 떼들

보이는 것과

보이지 않았던 것의 간격은 어디에서 오는지

으깨진 토마토 같은 머릿속을 의심해 보는, 찰나

언제나 유효한

옥상에 방수 공사를 한다
오디가 익으면 그는 떠난다고 했다

바닥에 타일 바른다
바람에 덜 익은 오디 하나 떨어진다
그의 거친 손바닥에 오디 쥐어 준다
자그마한 오디 그의 손안에 든다
타일과 타일 사이를 자르고 끼운다
실리콘으로 이음과 이음을 연결한다
뱃고동 소리 들리며 바람 불어오니 시원해서 좋다고
하늘과 맞닿은 바다가 보여 가슴이 트인다며
오디가 익을 때까지 머무를 수 있다면

꽁꽁 숨겨 놓고 떠난 그
오디가 불그레하다
하나둘 까맣게 익어 가는 오디
따 먹을 수 없다
아침마다 참새 까치들의 먹이
반가운 까치 소리

새들이 떠난 후에는 파란 오디만 남는다
오디는 아직 익지 않고
그가 오는 반나절의 시간이면
익는 오디

오디가 익을 때까지만 머무르고 싶다던
그 사람
그가 오지 않아 오디도 익지 않는다

등꽃

  마침표가 아닌 쉼표에 든다 평상에 앉아 잠시 눈을 감고 보라를 보는 거야 빨강이었을 때와 파랑이었을 때는 언제였는지 언제쯤에 보라에 마음을 빼앗겼는지 생각해 보는 것이지 서로의 몸을 의지한 채 울타리 안에 가두려고 한 것인지 몰라 그의 사치스런 빨강이 싫었는지도 몰라 파랑의 공간 노래했지만 바이올렛 내음이 전해지는 향기는 견디기 어려웠지 아직 도착하지 못한 종착지에서 바람에 흔들리는 하얀 속살 보이며 아래로 매달려 보는 판타지 시간들 호수의 물결 속에서 웅크린 그의 등을 본다

이별 직후

  직박구리 한 마리 석류나무에 앉아 제 그림자 본다 키위샐러드 향 찾아 날아간다 또 한 마리 날아와 사방으로 둘러보며 목 놓아 부른다 날아간 새의 짝일 듯 새 날아간 쪽 바라보다 날아간다 또 한 마리 날아온다 왼쪽으로 종종 옮기며 체온을 나눈 곳은 이곳쯤 꽁지를 쪼던 곳은 여기쯤 너는 여기 나는 여기 이곳쯤에서 너의 키위샐러드 향 맡기를 좋아했지 한쪽 날개 파닥일 때 잡아주었던 너의 손 불안한 너의 머리 내 목에 감겨들 때의 전율 기다리다 날아간다 한 마리 날아온다 두리번거리며 주위 살핀다 옆 가지에 옮겨 앉는다 윗가지로 올라간다 석류꽃 따위 흥, 날아간다 한 마리 날아온다 날개를 펼치며 머리 나무에 문지른다 빠끔한 눈이 먼 곳을 응시하고, 돌아오겠지 혼자서는 넘칠 수 없잖아

나팔꽃

목을 틀어서라도 철이 들고 싶었던 것일까

열아홉부터 쇠를 들었다 밤낮으로 가볍게 들었다 들면 들수록 딱딱한 시간은 휘어졌다 손바닥에 핀 꽃은 옹이처럼 번져갔다 몽우리를 중심으로 핀 꽃잎 점점 붉어졌다
　어디든지 손 내밀면 닿을 수 있는 줄기 해가 뜨는 쪽으로 바라보았다 보고 싶은 것 휘감으며 겁 없이 탐했다 현란한 불꽃이 손을 뻗어온다 눈을 감아도 머리 위에서 돌아가는 불빛, 불나방처럼 찾아다녔다 리듬에 몸을 맡기고 분홍 잇몸 보이며 허리를 틀었다 쇠가 녹는지도 모르면서

　화단에 세워둔 삽의 쇠를 나팔꽃이 핥고 있다

귀

귀가 잠들지 않는 밤이다

시레솔 드나들었던
서른일곱 해의 창고에는 어떤 것이 먼저 버려졌을까

안으로 굳게 잠긴 문

다시 두드린다, 문을
두드려도 열리지 않는

가끔은 손잡이를 돌렸었는데
손잡이 잡는 방법마저 잊혔고

침묵은 검은 구멍 움푹하게 패고

여기서부터 1억 광년이나 떨어진 문
붕괴를 기다리는 무한대의 침묵

저녁놀

붉은 모래톱 위를 걷는다

젖어 드는 가슴

번지며 간다

그 길 위에 내가 있다

제3부

Please

 개와 주인과 비둘기의 관계에 대해 생각한다 공원 잔디 위에서 개가 비둘기를 향해 뛴다 비둘기 날아간 만큼 개는 또 달린다 목줄이 개 목을 조인다 주인과 개 사이 줄이 길어졌다 짧아졌다 개는 목표를 향하여 달리고 주인은 줄에 끌려간다 비둘기는 나는 너의 상대가 아니야라며 자꾸만 달아나고 눈이 빨갛게 되도록 따라가는 개 귀가 날개로 바뀐다면 비둘기와 훨훨 날 수 있을 텐데 첫사랑에 덴 듯 따라가는 개 한 번쯤 만나게 해 주면 좋겠다 줄을 놓아주세요 부디, 한 번만이라도

무빙

　공원 바위에 앉아 고양이에게 과자를 던져 주는 나를 본다 뒷발을 뺀 채 먹이 한 개에 한 발씩 다가오며 과자를 받아먹는 고양이 어스름 눈빛 오간다

　가로등이 켜진다 나는 마지막으로 봉지를 비우는 중이다 고양이는 나에게 앙상한 등을 내어주고 있다 동그란 눈이 과자를 기다린다 먹이가 나오지 않자 고양이는 등을 보이며 떠나간다 떠나는 고양이를 멍하니 바라본다 한 손에 든 텅 빈 과자봉지 내려다본다 팔을 접어 봉지 멀리 던져 보지만 힘없이 바위 아래로 떨어진다

　나는 주머니에 손을 넣는다 잠시 손에 닿았던 고양이의 체온 만지작거린다

알락할미새

새는 섬에 들었고
섬은 새에게 아무것도 묻지 않는다

직선으로 대각선으로 곡선으로 가도 가도
빙하 섬

투명 얼음 속 햇살 벌레들
가벼운 내 발이 가장자리 얼음을 쫀다

떠다니는 섬은
바람이 데려다주는 곳이 목적지
사그락거리는 맑은 얼음 소리, 계곡 바람 소리, 찰방거리는 물소리
 높은음의 오케스트라 연주
 낯선 것이 선명하게 와 닿는 이곳
 두려웠던 상상은 잠시나마 잊게 만들기도

 햇살에 얇아지는 회색 반짝이 섬
 처음부터 약속 따위는 생각지 않은 관계

언제 떠날지 알 수 없는

섬은 나에게
발은 빨라지고 목은 길어지게
날개를 잘랐지

녹슨 하늘 속으로 사라지는 섬

비명을 지른다
놀란 나뭇잎들이 눈을 뜬다

봄물방울꽃

물방울 반짝거린다 밤사이 매달아 놓고 달아나버린 그는 어디에 있을까 차가운 바람이 스쳐 간다 구름에 갇혔던 햇살 물방울 비춘다 봄물방울꽃 물방울꽃 방울꽃 쪼르륵 달려와서 쌓이고 쌓여 꽃이 되었을 꽃, 새순들 쇄골 위해 잔치라도 하려는 듯 온 산 반짝인다 봄물방울꽃은 몇 대 몇의 비율로 태어나는 것인지 일 년을 기다려 피어났을 봄물방울꽃 맹아의 눈을 씻어내고 있는

어둠의 독촉

　사람들의 눈총 따갑다 밀린 집세의 압박감 같은 심정으로 다시 집에 들어가 마스크 챙긴다 동사무소 은행 마트 어디라도 마스크입장표 있어야 통과다 코로나 19 문자 SNS로 쉼 없이 들어온다 곳곳에 숨겨진 2배속 4배속 16배속 어둠이 틈을 엿보며 잠입해 있다 자판 위를 달려보지만 손가락 사이로 빠져나가는 숫자는 모래알처럼 헤아릴 수 없다 틈 사이로 빠져나간 세상은 회색 어둠 끈적거리는 문밖을 밀쳐보지만 닦아도 닦아도 지워지지 않는 지문들, 초겨울 애기사과 나무에 맺힌 꽃을 바람이 독촉한다 커피는 주문해서 카페 밖으로 나가 마셔야 한다 식사 대용이 되는 빵과 곁들인 주문만이 앉을 권한이 부여된다 먹는 것도 눈치가 보인다 깜깜이에 밀려 스스로 자리에서 일어나고 마는 어둠을 경계하라는 문자들이 재촉하는 어둠이다

파동

벚나무 아래
귀 두드리며 소리치는 아이
귀에서 손 떼 보려는 엄마
몸 흔들며 발 흐느낀다
발 잡고 떠는 엄마
바닥이 뒹굴며 운다
붙잡은 엄마의 몸이 아이와 함께 흔들린다
왼발과 오른발의 각도에 따라
엄마의 뒤통수에 꽂힌다
아이 발이 15도 정도 기울었다
아이 각도에 엄마의 몸도 기운다
발가락을 세우는 각도에 따라
달라지는 엄마의 얼굴
아이와 엄마는 신호를 교환하고 있다
바람이 불자 아이는 다시 귀를 두드린다
엄마는 가방에서 핸드폰을 꺼내 전화를 한다
벚찌가 떨어지자 아이의 손이 귀를 때린다
두 팔로 아이를 꼭 감싸는 엄마

MRI 안에서 내 몸을 부수는 포클레인 소리
손발이 묶여 꼼짝할 수 없었던
밖으로 달아나고 싶었던 무서운 기억

아이는 하얀 옷이 검게 물들 때까지
엄마와 주파수를 맞춘다

카푸치노 마시다

우산 들고 저녁 산길 걷는다 부드럽게 내리는

빗방울도, 벚나무 끝에 매달린 고동색 눈도, 소나무 잎 끝도, 가로등의 모자도, 너럭바위도, 눈을 감고 있는 묘지도, 우산 끝에 매달렸다가 떨어지는 하얀 물방울들도, 고양이 밥을 주는 보살도, 밥을 먹는 고양이 식구도, 엄마 고양이를 처음으로 따라나선 새끼 고양이도, 새 식구를 처음으로 만나면서 기뻐하는 '어머'라는 따끈한 감탄사도, 어스름 짓는 뿌연 어둠도, 가지 끝에 매달려 가로등에 반짝이는 물방울도, 땅 위에 부서진 초코 가루 같은 잎들도,

마신다 부드러움 가득 배어들도록 우산 접지 못하고

코로나 19금

　남편을 절구에 넣고 찧는다 희미해지는 거친 목소리 턱턱 목까지 차오른다 남의 옷을 입은 것처럼 헐렁하다 팔 한쪽 밖으로 자꾸 나온다 안으로 넣으며 조인다 언제쯤 다 찧어질까 숨소리 절구에 넣어 찧는다 절구통이 어둠 속에서 용솟음친다

　절구나 사다 놓을까 다시 원시인으로 가는 거야 싸리 삼태기 없어도 고기는 잡을 수 있어 호미 없어도 나물은 캐지 보이지 않아도 잘 찧을 수 있어

　조각나버린 시간 점령하고 있다 한 발로 서서 춤을 추는 그림자를 본다 조금은 삐딱한 모양이 힙하지 조금씩 몸을 흔들어 봐 미스터트롯 임영웅의 보랏빛 향기 부른다 점점 아웃사이더 되어가고 오늘은 무엇을 먹지 흐느적거리며 내려오는 그림자라도 절구에 넣어야 하나 뒤에서 껴안아 오는 어둠이나 찧어야겠다

심부름 로봇을 사 줘

빵 한 조각 입에 구겨 넣고 피아노학원 가요
흥미 잃은 지 오래예요
가방 속에 든 피아노
지루함이 반복되는
머릿속은 엄마 얼굴 떠올라요
빠르게 장면전환 해요
최강 상대는 나
입으로 사라졌던 빵 조각처럼 쉽게 죽을 수는 없어
차가운 건반 위의 손은 버렸어요
적은 담장 뒤나 바위 뒤에 숨어 있어요
총 한 방 정도는 허투루 쏘아요 손에 땀을 쥐고
식탁의 빵 조각을 쳐다보듯 내려다보는 주인의 눈총이 따가워요
손가락은 달아나는 도둑보다 빨라요
친구들의 부러운 눈
피아노 대신 게임이라도 열심히 해요
죽기만을 기다리는 주인
게임을 보려는 아이들 모여들어요
주인이 동전을 손에 쥐여주며 그만하라고

내어주고 싶지 않은 자리를 빼앗기는 기분이에요

찜찜한 기분으로 가게 안 로봇을 둘러봐요

언젠가는 피아노학원을 대신 가 줄 심부름 로봇을 가져다 놓을 거예요

로봇은 엄마 앞에서 피아노를 미치게 쳐요

터져 나오는 엄마의 박수 소리가 우레 같아요

미나리 삑삑

미나리 삼겹살 찾아 함포 나루터로 간다
불판에 고기 지글거리고 미나리 몸 줄인다
호호 부는 순간, 코가 먼저 향기를 음미
둘러앉은 불판의 고기들은 익기가 바쁘다

어디선가 둥둥 소리 들려온다, 비닐하우스 문밖
현란한 수레에 얼룩무늬 옷을 입은 각설이
가위 철거덕거리며 엿을 떼어내고 가랑이 흔든다

테이블로 각설이 아줌마가 다가온다
놋그릇에 담긴 엿 하나씩 맛보라며 준다 삑 삑
어디선가 들려오는 병아리 소리
'이거 한 통에 삼천 원인데 두통에 오천 원 다섯 통에 만 원' 삑 삑삑
 순식간에 가랑이 사이에서 병아리가 삑 삑 삐삑
 함포 나루터가 삑삑 삑삐삐삑

아랫도리가 자꾸 커지는 것 같아요 하니 삑삑
미나리 삼겹살에 엿이 답이지 삑삑삑삑삑삑삑

어디 내 병아리랑 한번 비교해 봅시다 삐삐삐
한 번 만져보는데 만 원만 주소 삐삐
삐삐 하우스 들썩이며 엿 봉지 오가고

코로나 19로 오랜만에 사람 만나서 병아리를 낳았소 삐삐
부자도 가난한 사람도 모두 먹는 미나리가 대박이어요
삐 삐삐삐
2021년 '미나리' 영화가 골든 글러브상에 이어
영국 아카데미상 수상 후보작에까지 올랐다지요 삐삐
폐기되지 않으려* 하우스를 다리가 아프도록 돌아다녀요
이만하면 미나리 홍보에 각설이도 보탬이 된 셈이지요
삐삐 삐삐 삐

* 영화 〈미나리〉를 보고 영향 받아 씀.

티핑 포인트

    금두꺼비는 거대한 얼음기둥을 아파트 난간에 만들기를 좋아한다 슬레이트 지붕 처마 고드름보다 든든한 것 원했다 난간을 둘러싼 8층 높이의 얼음기둥 보기 위해 사람들이 개미처럼 모여든다

    무엇이든지 좀 특별하고 싶은 금두꺼비다 나무 베어내고 높은 산에 놀이터 만든다 높은 곳에서 놀면 높아지는 줄 안다 비바람도 통과하는 신발 신고 긴 막대 휘두르며 즐긴다

    흙탕물 흘러넘친다 갑자기 불어난 물에 나뭇잎도 잡지 못한 채 떠내려간다 친구를 구하려 뛰어든 개미가 변을 당할 수도 있을 텐데

    냉장고에서 꺼낸 아이스크림이 먹기도 전에 다 녹는다

    장마 경고 메시지가 뜬다

    채소 잎들 물속에서 녹는다

줄기만 남은 가지에 꽃이 핀다

꽃잎들이 압화 되는 시간

분수처럼 터진다
사방으로 튀어 오르며 난간에 매달려 춤을 추는

오랜 잠에서 깬 원숭이 오르골 뮤직 박스가 심벌즈를 친다

순리대로 흐르는 멜로디

샹들리에를 올려다보는 눈빛들이 불안하다

위에서 아래로 자라는 손은 손을 쓸 방법이 없듯이

파양

　물을 찾다가 우연히 미나리와 쑥갓을 만났어요 야들야들한 쑥갓과 미나리는 아주 자그마한 꽃에게 틈을 내어주어요 공간과 공간 사이에서 식구가 되어가요 덥고 추운 분지에서 살던 꽃은 이곳이 아늑해요 가끔은 누군가 와서 선물을 주기도 하며 환한 웃음을 보이기도 해요 꽃은 혼자일 때도 있어요 배가 고플 때는 목이 아프도록 울어요 지쳐 잠이 들어요 어느샌가 꽃도 마디가 생기기 시작했어요 호기심이 많은 꽃은 여기저기 궁금해하며 호작질 해요 호기심의 천국인 즐거움을 쑥갓과 미나리는 어지럽힌다며 밟고 때려요 꽃의 색은 거무죽죽하게 변해가요 시퍼런 멍이 검붉게 변해가도 해맑게 웃어요 사막에서 살아가는 소소초처럼 적응하며 살아요 모래바람이 불어와 덮어요 돌들이 날아와도 그냥 맞아요 오늘 해가 뜬다고 내일도 계속 해가 뜨는 것은 아니죠 비가 내리면 사막의 식물들은 죽은 듯이 있던 몸을 일으키죠 어디에 뿌리를 뻗어야 좋을지 자리를 봐요 뼈가 부러진 마디가 떨어져요 16개월 된 꽃이 떨어져요

폭풍 드리블

 태풍보다 사나운 역대급 바람이 문을 흔든다 옥상 바닥을 파도타기하며 벽면을 이용해 볼을 코너로 몬다 볼이 하수도 배관으로 빠지지 않게 컨트롤하여야 해 유선 줄이 튀어 오를 때마다 탕탕 치며 패스를 하는 거야 동사무소에 걸어놓은 현수막이 벽을 치며 선봉에서 북소리로 몰아가고 있어 갈기고 부수고 찢고 갈가리 찢어 삼켜 버리기라도 하려는 듯 사납게 몰아간다 어디론가 몰아가고 싶은 거다 지금 이대로 머무르면 지는 거다 있는 힘을 다해 몰고 가야 한다 순간 최대풍속이 시속 320km가 넘는 속도로 북극을 향해 슛을 던지는 거야 그곳에 닿는 순간 그대로 얼어버리겠지 절묘한 너의 폭풍 드리블이 성공한다면 사람들은 너의 매력에 빠져버리겠지 페이크슈팅이라도 좋아 코로나바이러스 날아간다

누구의 잘못도 아니다

지하철 종점 역무원이 소리친다 종점입니다 내리세요
군데군데 있는 잠 흔들어 깨운다 그러거나 말거나
가방을 껴안고 잠에 빠진다

흐트러져 엉킨 머리
해진 소매
흙 묻은 운동화
자꾸만 젖어 든다

가까워지다 멀어지고
들려오다 사라지는
귀를 넘어가고

오른쪽으로 왼쪽으로
앞으로 뒤로
목을 무너뜨리며
해진 가방 같은 무거운 몸
가방 껴안고 있는 손이 스르르

누군가 그의 품에서 가방을 빼앗아 간다
내 일당,
안 돼 에 에 에 에 에 에

역무원이 그의 어깨 흔들어 깨운다

꿈속을 미꾸라지처럼 빠져나가는 내가 있다

코비드 19시대 즐기기

　계곡을 오르니 파란 하늘이네 밤사이 내린 비에 가지들 물방울 달고 있네 정오의 햇살이 눈을 찌르네 빛을 피해 얼굴을 돌리는 순간 바이올렛 사파이어가 반짝, 눈을 의심하며 다시 보네 나뭇가지 곳곳에 보석을 달고 있네 커졌다 작아졌다 하며 영롱하게 반짝이네 블루 사파이어 루비 탄자니아 핑크 사파이어 그린 사파이어 옐로 사파이어 파파라차 사파이어 에메랄드 아콰마린 자수정 칼세도니 터키석 문스톤 지르콘 산호 토말린 쿤자이트 오팔 말라카이트 가넷이 가지에 매달려 있네 아직 더 불러 주어야 하는 이름이 많지만 그 이름들 떠오르지 않네 방향에 따라 변하네 앉아도 보고 서서도 보고 옆으로도 보고 거꾸로도 보네 한 번에 이렇게 많은 보석을 보는 것은 처음이네 사방을 둘러보네 계곡에는 나무와 하얀 얼음 물기 머금은 바위들뿐이네 보석들을 가지고 싶네 태양에 빛나는 저 보석들은 나를 어여삐 여겨 선물한 것일 거야 손가락의 반지 안으로 돌려보네 사라지지 않고 그대로 있는 걸 보니 진짜네 손가락으로 아주 작은 말라카이트 보석 하나를 당기네 당기는 순간 잃어버렸네 보석은 아무나 채취하는 것이 아니었네 나무 아래 앉아 보석이 떨어지기를 기다리네 햇살이 눈을 찌르는 정오가 속삭이고 있네

맨몸
— 카트 시위

붉은 철쭉꽃,들
가지 위에 시들어가고
다잡은 치마 주름
초록 잎 중간중간
오이풀 틈 비집고 오르며
그만하고 내려가자며
피어보지도 못하고
시들어 버리는

한 번만 춥자
두 번은 춥지 말자며
손에 손을 잡고

제4부

카나페 이렇게도 만들어지죠

먼저 아이비 한 통을 사 와요

한 조각의 아이비를 꺼내요 조각 속 12개의 구멍과 호흡해요

단, 올리는 재료가 조각보다 크면 어그러져요

1월 소문이 입속에서 부풀어요

2월 바람이 요동치며 #음악이 흘러나와요

3월 햇살 없은 고소한 내음이 곁눈질을 해요

4월 데이지꽃이 시들지 않도록 꼬~옥 투표해요

5월 초록 섬 미래의 섬으로 가는 꿈을 꾸어요

6월 하지의 해는 백야를 불러와요

7월 새들의 바삭 소리에 소문이 묻어와요

8월 쉬어지기 전에 신선한 재료를 처리해요

9월 한때는 신선했던 폐허도 내 것이었던 걸요

10월 발등에 도끼 찍혀도 울지 않도록 해요

11월 손가락으로 집어 먹는 어둠은 맛있어요

12월 붉은 피망을 썰어 꽂아요 끝에는 블랙 올리브를 썰어 끼워요

조각 위에 불붙이는 일만 남았네요

현을 위한 아다지오 음악은 흐르고 올리브에 촛불은 누

가 켤까요

   의자는 누군가에 의해 사라지겠죠
   누가 알겠어요
   플랫폼이 또 다른 고리를 가져줄지요

돔 플레이

 책 모서리에 그림이 점을 중심으로 이어져 있다 왼쪽으로 길게 따라 든다 선은 한 번 두 번 다섯 번 지나는 동안 그림자 곡선으로 인해 다른 곳으로 이어진다 뜻하지 않게 생긴 곡선 선분은 다리가 되어줄지 알 수 없다 일곱 번째 점은 어느 곳에 생기고 소멸하는지 잃어버린 듯도 하고 하나를 더 찾기 위해 끊임없이 움직이고 있는 듯하다 알파 별 통과하여 또 다른 곳에 닿기를 퇴색되어가는 글씨들 그 너머 해독 중이다 창문 밖에 햇빛이 각을 30도 내리비친다 책을 유추하며 읽는 햇빛의 인내력 알파는 생각을 더 할 수도 모자랄 수도 있는 그런 시간들 햇빛은 그 너머의 큰 상상의 별을 생각하겠지 안 읽고도 읽은 것 이상의 세계가 출렁이겠지 상상은 어느 세계에 당도할 뭇별들이 모은 얘기들일지도 오늘도 책을 읽는 햇빛을 보며 다 닳아지기 전에 알파 별 눈이라도 달면

변산바람꽃

울
산대
교 위를
달린다 바람에 떨고
있는 엄동설한 대교다 달려올 때는
보이지 않던 풍경이 백미러에 모여든다 온산공단
굴뚝 위에 피어오르는 흰색 수증기가 갓 구워낸 속살
하얀 모닝빵 같다 바람에 말라버린 노을이 꽃잎
되어 흩날린다 주탑과 보조탑 사이 휘어진
줄이 암술과 수술을 놓치지
않으려 안간힘
쓰고 있다
전면
유리
에
달
려
드
는
눈을 본다
주근깨 잔뜩 하고
피어나는 마늘빵 같은
바람이 흔든다
곧 봄
이
오
겠
지

세탁기

붉은 경고등이 계속해서 뜬다

두꺼운 이불과 얇은 노란 티셔츠
한 통 속에 들어 자전거처럼 굴러간다

흙을 지나 물을 건너 돌을 넘어 풀밭을 헤쳐
바큇살 사이사이 적시고

구름 배경이 되고

이불 노란 셔츠 안고 오른쪽 왼쪽 돈다
노란 셔츠 이불에 깔렸다
셔츠가 이불 위에 오른다
보이지 않는다 셔츠
쉬는 순간 물결 출렁이고
이불이 수도꼭지를 한 번 쳐다보는 동안
이불 배꼽까지 젖어든다

속도는 한 방향으로 바라보는 것

왼쪽 오른쪽 풀리며 얼룩 지워보는 거야
서츠는 가볍게 하고 싶은데 이불 귀가 소매를 잡는다
투덜거리며 느리게 이불은 퉁퉁
우린 감기고 풀리기를 반복
서로의 단점을 눈감으려 하지

중심을 잃지 않으려
반의반 바퀴를 도는 이불 귀퉁이
밀고 흔들지만 꿈쩍 않는

물을 뺀다
우당탕 탕 소리 지른다
손을 잡아 힘껏 당긴다
잠시라도 지렛대가 된다

경고등은 어디에서 오는 것일까

나만 모르는

 산길 넓은 바위, 콘크리트로 치려면 몇 번 왔다 갔다 해야 할까 구석구석 보내려면 몇 번 허리를 굽혀야 할까 몇 번의 눈 맞춤으로 제자리에 들 수 있을까 바위 위에 누워서 키보다 높은 길이 가늠해 본다 개미는 알고 있겠지 자벌레는 벌써 측정하고 이웃 마을로 놀러 갔겠지 머리 위 빗금 긋고 남은 부분 구름에게 물어본다 그런데 땅속에 박힌 부분은 어떻게 측정하지 소나무 뿌리에게 물어보면 가르쳐 주겠지 아니 신갈나무 노란 잎새들이 더 빠를지도 몰라 대팻집나무 어르신께 여쭈어볼까 간죽간죽 잘하는 노간주나무에게 물어보면 간죽거리기만 하겠지 저기 근육 든든한 노각나무에게 물어볼까 아니야 천년을 눈감지 않고 서 있는 개서어나무는 답을 알지도 몰라 옆에 서 있는 팥배나무다 안다는 듯 배꼽이 빨갛도록 웃는다

파설초 꽃

  시장 골목 사이, 할머니 앞에 냉이 달래 잔파 시금치 봄동 봉지에 담겨 있다 그을린 손등 주름 위를 햇살이 더듬는다 굵은 손가락 마디가 검은 봉지에서 보라 향 가득 보라 보라 펼쳐진다 손톱에서 잔파 뿌리 잘려 나간다 U자처럼 오목하게 드러나는 검은 선, 손가락 끝에 매달린 혹한의 손톱, 바람에 흔들리는 부드러운 손이 떤다 눈과 얼음을 뚫고 열 손가락 끝에 피어나는,

다다

아무렇게나
널브러진 돌무더기 본다

탑은 이렇게 되고 싶었을까

흩어진 돌들 춤을 춘다

울타리를 벗어난 개처럼 다리를 들고
찔끔거리고 돌아보며
양지로 돌아앉아 뾰족한 곳 쓰다듬는다

몰렸던 구름 흩어진다
하나의 꼭짓점에서 각자 방향으로 흩날리는 꽃잎

굳었던 몸 위로 바람 지나가고
얼룩덜룩한 피부 태양 내리쪼이고
노랑지빠귀 한 마리 헐린 집으로 찾아들고

벚꽃 한 잎 두 잎 방으로 숨어든다

꽃잎은 나풀거리고

돌은 침묵으로 대답하고

보이는 그대로가 나라고

만세 부르며

혼자의 방에서 일인의 몫을 누린다

가끔 자벌레 한 마리 내려와 부러워하고 간다

* 다다; 단절 그 자체에 목적을 둠.

잎새달
— 4월

봄,

물감 부족한 화가처럼 휘청이며 온다

눈을 감고

목울대 뻣뻣하도록 견뎌야 하는 시간

터치 터치

바닥에 나뒹군다 연달래꽃

툭툭

모션

  산딸기나무 사이 꼬리 잘린 줄무늬 뱀, 옆 싸리나무에서 이곳으로 왔다 멈춘 듯 움직이는, 머리부터 꼬리까지 자르고 이어 붙인다 파도처럼 이어지는 근육 햇볕에 등 반짝 휘어진다 개망초 사이 지나자 꽃들 흔들린다 머리를 들다 편다 눈을 좌우 돌린다 보이지 않던 혀 날름거린다 이 거리에서 저 거리까지의 초 단위 멈춘 듯 멈춘 적 없이 살아 움직이는 피의 뜨거움 붉은 혓바닥이 두 갈래 길을 낸다 길을 내는 순간 물을 먹던 고양이 놀라 귀를 쫑긋 잠자던 된장잠자리 날개 털고 참새들 가지 위에 앉아 털을 고른다

오후 네 시의 벨소리

연잎에 떨어지는 는개
어느 곳 떨어지든 가운데로 모여든다

또르륵 굴러 큰 물방울 이루고는
물방울에 연연하지 않고
잎사귀 휘며
물방울 왼쪽으로 비운다

제 위치로 돌아오는 잎

모으는 것과 모이지 않는 것 사이

고인 몸 덜어내는 물방울
오른쪽 아래 자그마한 잎으로 흐른다
그 아래 잎 받는다

비우고 흘려보내
바닥에 있는 모든 잎까지

굴러가며 일으키는 토닥임

소리와 소리 입맞춤하는

소리 하나에
연잎 꽃봉오리 자라고

호르몬그래피

월요일 밤 12시 새들이 떠난 그 섬에 든다 심장으로부터 가장 먼 손발 어루만진다

화요일 어둠 속에서도 관과 관을 더듬거리며 분홍색 길을 낸다

수요일 한 방울 오일이 뻣뻣한 관절 사이를 지난다

목요일 거울 속, 가문 논바닥을 적셔가는 논물을 보는 듯하다 조금씩 물줄기 중심을 향해 촉촉이 젖어 들고

금요일 태양을 가득 담은 복숭아의 당도가 탱탱하다

토요일 흐린 오후 어떤 것이라도 받아들일 듯 혈관을 타고 흐르는 전율, 선명하게 노란 길을 내고 있는 금계국 바람에 맞장구치고

일요일 한 바퀴 돈 직선의 꽃이 우주를 일으킨다 바닥이 무릎을 튕기며 월요일을 향한다

입동

　달이 이울어져야 세상에 나온다고 했어요 가끔 선율 타는 아랫배를 부드럽게 어루만져요 짧은 쿵쾅거림 신호에 봄을 찾아요 봄은 너무나 멀리 있어요 공간을 지배하는 음표는 끊어질 듯 이어져요 누군가에게 신호를 보내야 할까요 강한 울림통이 느껴지면 전화를 할 거예요 달빛이 물길을 갈라놓아요 미끄덩거리는 것들은 손에서 달아나요 시냇물 소리 들려요 붉은 잎맥들의 연한 분홍 선명하게 보여요 끊어질 듯 이어지는 혈관이 팔딱거려요

　문을 빠져나온 봄은 뒤돌아보지 않아요 날카로운 톱날 빠르고 강하게 스타카토 찍으며 굴러가요 달이 차서 떠난 밀물은 혼자서도 변화를 즐기죠

옅어지는 1월

온통 회색빛으로 변한 하늘, 가로수 다리 건물… 나는 회색 속으로 스며드는 아이라인처럼 희미해져 간다 목적지를 놓칠 것만 같은, 목적지를 창밖으로 던진다 목적지 없는 것이 목적지 내가 머물고 싶은 그곳이 목적지가 되는,

옅어지는 가슴과 무릎 끌어안고 웅크린 채 가만히 있다 옅어진다는 것은 펼치는 일

시간의 초미세먼지 끝없이 이어지는 점들은 내 숨보다 작아 몸속 들락거린다 그 길이는 얼마만큼인지 가끔 몸이 반응할 때에야 나를 돌아보며 그랬던가 그것 때문일 거야 라며 흐릿해진 안갯속…

죽은 새 한 마리를 본 적이 있다 색감이 어여쁜 새는 한 번도 보지 못한 새였다 흐린 날이기에 더욱 선명하게 다가왔는지도, 막 숨을 멈춘 듯 배는 통통하고 몸에는 상처도 없었다 도로와 맞닿은 건물은 보호벽을 숨기고 있었다

울타리 아래로 고양이 한 마리 갸르릉 거린다

주유고 기름이 호스를 타고 흐른다 노란 기름 속에는 바람개비가 노랗게 돌아가며 윙 거린다 바람개비는 울음 막아보려 하지만 멈추지 않는다 눈물을 다 쏟아내고야 멈춘다

수족관 유리벽 안, 수면 위에 떠 있는 구피는 그림자까지도 구피다 흔들리는 수면 위 구피는 숙희의 시간을 빼앗는다 베일에 가려진 구피는 한 마리 네 마리 여섯 마리 순식간에 불어난다 그림자까지도 구피로 인식하며 살아가는 숙희는 그림자를 멍석으로 돌돌 말아 깔고 앉는다

흐린 벽에 얼비치는 회색 그림자를 본다 회색 눈물 다 쏟아내고서야 고양이 울음소리 같은 기침이 터져 나온다 나는 흐려진 지퍼를 잠근다

21세기 쑥
— 푼크툼

진빨강 동백꽃에 눈이 멀었을 거야

손에 든 칼을 깊숙이 목에 찔러 넣고

뜯고 뜯었을 거야

그 설렘과 감탄의 기호들이 들린다

서서 뜯는 21세기 쑥은 화성에 도착한 기분이었을 거야

#FF0000 해석하는 시간들

빛에 따라 달리 보이는 색상들

화성의 쑥은 사철 내내 필지도 몰라

쑥쑥 고혹적으로 자라 눈알 쏙 빼게 만드는지도

그림자 구석으로 밀어내며 뜯었을 쑥

미래의 쑥에 푹 빠져 정신 줄을 놓았을

이것이, 쑥이라며

보내온 사진에 찔리고

새삼스레 무슨 129

　책 읽어주는 다락방을 듣는다 새삼스레 자막이 새3으로 나온다 뜯어진 새3이 말을 걸어온다 소리 나는 대로 받아든 단어가 돌아갈 수 없는 새3스러운 곳으로 데려다준다 덜거덕 거리는 눈과 삐걱거리는 뇌에 틈이 생긴다 새3스레 세 마리 새 품으로 날아든다 차가운 가슴에서 바둥거리는 새 존재조차 확실치 않은 새3은 날개를 펼치며 손바닥 지나 어깨 위를 종종거리고 귓속에 집이라도 지으려는지 포크처럼 찍어댄다 보물이라도 찾으려는 듯 2곳저곳 들추며 다닌다 흐트러진 단어 깨어진 문장의 정수리에 올라 꼼짝 않는다 잠시 잊었던 새3의 출현에 기억 복제라도 된 것인지 보지 않는 척 멀리 있다가도 발이 움직이며 어디선가 포로롱 날아와 발등에 매달리고 아직도 어디선가 존재하고 있을 꿈의 신2 바람풍선처럼 손짓한다 코끼리를 삼킨 새가 아직 가 닿지 못한 기묘한 문장을 새3스레 항해 중이다

김뱅상의 시세계

탈脫주체의 원근법

박동억

김뱅상의 시세계

탈脫주체의 원근법

박동억

(문학평론가)

1. '인간적인' 시선을 벗어나기

　대중은 진정한 예술을 감상하는 방식이 무엇인지 모른다. 그것이 스페인의 철학자 호세 오르테가 이 가세트(José Ortega y Gasset, 1883~1955)가 1925년 『예술의 비인간화』라는 제목의 미학서에서 주장한 바였다. 그에 따르면 대부분의 사람은 창문 너머로 정원을 바라보듯 예술을 대한다. 풍경화를 떠올려보자. 풍경화를 보는 동안 우리는 세상에 안전한 거리를 두고 있다. 또한 하나의 화폭에 응축된 드높은 산과 강을 한눈에 본다. 그렇게 무엇인가를 안전한 자리에서 한눈에 관조하는 즐거움을 우리는 '아름다움'이라고 부른다. 그러나 오르테가는 예술의 소명이 기쁨을 주는 데 있지 않다고 주장했다. 그는 '진정한 예술'을 감상하기 위해서는 창문 너머의 정원을 보는 것이 아니라 창문 자체를 보아야 한다고 말한다. 다시 말해 풍경화에 그려진 대상이 아니라 이젤 자체를 감상하는 것, 창문 너머의 정원이 아니라 창문 자체를 감상할 것을 그는 제의한다. 아름다움을 느끼는 데 만족하지 말자. 대신 아름다움을 성립하게 하는 형식 자체를 꿰뚫어보자. 바로 이러한 미학적 전회로부터 "진정, 예술품 자체에는 인간적인 것은 없고 단지 예술적인 투명함, 순수한 가상만이 있기 때문이다"라는 유명한 테제가 성립한다.

감상 되어야 할 것은 창문에 비친 아름다운 풍경이 아니라 창문의 투명함 자체, 즉 예술의 '순수한 가상성'이다. 그것은 무엇이 아름다운지 묻는 대신 무엇이 아름다움을 성립하게 하는지 질문해야 한다는 사실을 뜻한다. 그러나 우리는 반문할 수 있다. 구태여 그럴 필요가 있을까. 왜 그 누구도 눈여겨보지 않는 '투명한' 대상들, 예컨대 이젤이나 창문 같은 것에 집착해야 할까. 사실 오르테가의 미학은 그 이면에 '나는 당신들과 다르다'라는 사회학적 동기를 감추고 있다. 소수의 사람만이 진정한 예술의 감상자가 될 수 있다는 오르테가의 논의는 엘리트주의적 성격을 띤다. 그리고 그의 엘리트주의적 미학은 당대의 상품문화와 대중의 속물성에 대한 격렬한 혐오에서 비롯된 것이다. 즉 『예술의 비인간화』는 '나는 당신들과 다르다'라는 선언을 '나는 당신들과 다른 것을 본다'라는 미학적 이론으로 치환하는 저서인 셈이다.

우리는 김뱅상 시인의 시를 이러한 오르테가식의 미학적 전회와 비교하여 이해해볼 수 있다. 서시 「2020. 일인무언극」을 따라 읽으면, 언뜻 이 작품은 "개나리 씀바귀 채송화 엉겅퀴 쑥부쟁이 개망초"가 시들어가는 자연풍경을 묘사하고 있는 듯 보인다. 그런데 시인이 줄곧 눈길을 두는 대상은 그러한 풍경을 '초대하는' 창문이다. 더 나아가 "사각의 창은 일인무언극을 한다"라거나 "눈만 깜빡이는 여러 개의 창"이라는 묘사는 창문을 살아있는 존재처럼 은유한다. 우리의 일상적 시선을 떠올려 보면 '한 사람이 (창문을 통해) 풍경을 본다'라는 사실에서 창문의 존재는 생략되어도 무방하다. 하지만 이 작품에서 창문은 투명한 사물이 아니라 배우처럼 '눈을 뜨고' 행동하는 존재로 전경에 내세워진다. 따라서 이 작품을 읽는 독자는 필연적으로 시선의 혼란을 느끼게 된다. 왜냐하면 이 작품은 우리가 '투명한' 창문을 통해 일방적으로 풍경을 감상할 뿐이라는 일상적 감각을 해체하고 있기 때문이다. 도리어 이 작품에서 창문은 "하나의 사각 속에 또 다른 평면의 심각한 얼굴들"을 지녔다는 표현처럼, 표정과 얼굴을 지닌 불투명한 존재로서 우리와 마주 본다.

무언극의 배우처럼 창문이 살아있는 타자라면, 그것은 이제 풍경을 순수하게 전달하는 사물일 수 없다. 타자란 고유한 내면성을 갖고 세상을 해석하는 존재이다. 시인은 바로 그러한 타자로서의 '창문'을 상상하며 "사각의 창은 일인무언극을 한다"라고 표현해보는 것이다. 한편 우리는 이러한 '창문'은 단순히 시인의 주관적 시선을 제유한 것에 지나지 않다고 반

박해볼 수도 있다. 이는 '시인이 풍경을 본다'는 사실을 '창문이 풍경을 본다'라는 문장으로 표현한 것에 지나지 않는다는 비판이다. 하지만 그러한 지적으로 이 시는 충분히 해명되지 않는다. 몇 가지 기술방식을 도입하여 이 시는 우리의 일상적 감각과는 전혀 다른 방식으로 풍경을 재현하고 있다. 이를테면 "줌zoom을 당긴다"라고 말할 때 시인의 시선은 카메라의 클로즈업과 동일시된다. 또한 "연극의 암호는11월에서12월의 플랫폼타고오른다"라는 표현은 꽃들을 시들게 하는 겨울의 냉혹함을 기차의 속도로 비유한다.

서시에서 읽어낼 수 있는 것은 평범한 인간과는 다른 방식으로 세상을 '보려는' 욕망이다. 시인은 꽃들을 보는 동시에 꽃을 비추는 창문 또한 본다. 사물을 카메라처럼 정밀하게 보는 동시에 비유를 통해 시간의 속도마저 가시화한다. 여기서 두드러지는 것은 더 집요하고 정밀하게 세상을 인식하려는 실존적 욕망이다. 따라서 근본적으로 이 시의 진정한 풍경은 시인 자신이다. 왜냐하면 이 작품에서 진정 새롭게 표현되는 것은 눈앞의 풍경이 아니라 시인 자신이 세상을 바라보고 있는 방식 자체이기 때문이다. "스펀지밥처럼 노랗게 떠 있는 표정들"이라거나 "긁적이다 만 사각 창 속의 그림 콜라주가 되는 12월"이라는 진술들이 암시하는 것은, 만화를 장난스럽게 연상하거나 시공간을 마음대로 '콜라주 하는' 시인의 자유이다.

그렇다면 김뱅상 시인의 시를 이끌어가는 것은 어떤 구애도 받지 않고 자유롭게 보려는 충동이라고 표현할 수 있지 않을까. 보고자 하는 대로 본다는 것은, 다르게 말해 우리의 시선에 깃든 타성적 관습이나 타인의 참견을 거부한다는 것이다. 시인은 「17:07:14:99 미소微小시간」에서는 슬로모션으로 거리를 촬영하듯 "38번 버스를 타고 가며" 보이는 풍경들을 나열한다. 「삐약 삐약」에서는 동음이의어의 말장난에 따라서 비약적인 상상력을 전개한다. 「자오선」에서는 "네 쪽 창문에는 창백함과 푸름이 대비를 이루는 남극과 북극이 드리운다"라는 문장처럼 '창문'으로 지구의 양극을 바라볼 수 있는 거대한 시야를 상상한다. 이렇듯 시인은 관습적인 시선의 굴레를 벗어나기 위한 방편들을 상상해보는 것이다.

인간에게는 불가능한 시선을 구성한다는 점에서 그의 시에 탈脫인간적이라는 수식어를 덧붙일 수도 있다. 아마도 우리가 고민하게 되는 것은 그러한 탈주체적 시선이 지닌 의의라고 할 수 있다. 오르테가와 마찬가지로 김뱅상 시인은 타인과 구별되는 미적 원근법을 구축하고자 시도한다. 그런데 앞서 오르테가의 미학 이면에는 근본적으로 타인과 자신을 구별 짓고자 하는 사회학적 동기가 놓여 있었다. 이에 비해 김뱅상 시인의 경우 자기 실존에 대한 추궁이나 반문이 두드러지는 것처럼 보인다. "정신분열 공황장애 조현증/ 터널이 나와야 MRI라도 찍어 볼 텐데"(「버스 안에 신이 산다」)라는 진술과 "나를 찾아 가까이/ 한 발 앞으로 내민다/ 와장창"(「깨진, 눈동자」)이라는 진술에는 안정되지 못한 존재의 불안과 위태로운 자기 탐색의 과정이 그려진다. "또 다른 아웃사이더에 있는 나를 본다"(「아싸」)라는 문장처럼, 그의 시는 세계에 온전히 놓여 있지 못한 '아웃사이더'로서의 자기 위치를 확인하는 작업일 수도 있다.

어쩌면 이러한 표현이 가능할 것이다. 김뱅상 시인은 풍경을 보는 것이 아니라 풍경을 통해 자신을 탐색한다. 그리고 '타인처럼 보는' 상황에 만족하지 않고, 그 시선을 능동적으로 갱신하고 편집함으로써 스스로 보는 방식을 결정한다. 그것이 가능하려면 세상을 보는 동시에 '세상을 보는 자신을' 보는 이중의 시선이 필요하다. "어느 날, 자오선 바라보는 시각 놓는 순간이 오겠지"(「자오선」)라는 복문은 시선의 이중성을 잘 보여주는 표현이다. 그는 자오선을 바라보는 자이면서, 그러한 시각을 "놓는 순간"을 기다리는 자이기도 하다. 이 아이러니한 시선, 자신을 관조하는 분열적 상태에서 김뱅상 시인은 자아와 세계 사이의 원근법을 구축한다.

2. 인간과 사물의 시선, 그 '사이'

「깨진, 눈동자」에서 시인은 "사라진 나/ 누구인가,/ 나는,/ 또/ 어디에서, 오는가"라고 묻는다. 그것은 자신의 정체성을 상실한 자의 서늘한 반문이다. 더불어 시의 제목 '깨진 눈동자'는 자아의 상이 훼손되었다는 사실을 가리키는 듯하다. 정체성에 대한 확신을 지니지 못한 마음은 위태로울 수밖에 없다. 유념할 것은 이러한 실존적 불안이 도리어 미학적으로는 타성적 원근법을 반성하고 새로운 시선을 구축하는 힘이 된다는 점이다. 이에 따라서 그의 시는 풍경을 보는 위치와 자신을 보는 위치가 때론 함께 호응하고, 때론 줄다리기하면서 독특한 미감을 만들어낸다.

> 오늘은 어떤 꽃에 불 지를까
>
> 엉킨 머리가 울타리에 길게 늘어선 화살나무 본다 화살 끝 내게로 향해 있다 그래 나를 맞혀 네가 밝아질 수 있다면, 파고드는 아픔까지도 내 것이다 흐느적거리며 걷는 붉은 나를 본다 거울이 깨져 있는 계단 내려간다 101동 앞 모서리에 두세 명 모여 담배를 피운다 연기의 터널 속으로 든다 화살 끝에서 담배연기 꽃 피어난다 수평의 세계로 이동하는 화살 박힌 몸뚱이 놓쳐버린 불의 끈, 나는 이 사이 어떤 것을 넣어야 할지 또 다른 아웃사이더에 있는 나를 본다
>
> 울산대학병원을 향해 달리는 사이렌 소리 머리가 끼어든다
> ―「아싸」 전문

지금까지 논의한 바에 따라 다시 한 번 위 작품을 감상해보자. 「아싸」의 시선은 이중화되어 있다. "화살나무", '담배 피는 사람들', "사이렌 소리" 등의 풍경을 바라보는 외적 시선과 "또 다른 아웃사이더에 있는 나"를 되돌아보는 내적 시선이 혼용되고 있다. 그런데 이 작품을 면밀하게 살펴보면 우리는 '시선의 방향' 또한 특별하다는 것을 확인하게 된다. 시인은 자신이 풍경을 바라보며 묘사하는 한편, 화살나무의 "화살

끝"이 자신에게 향해 있으며 "담배연기 꽃" 또한 "화살 끝"에서 피어난다고 비유한다. 즉 화살나무와 담배는 '나'를 향해 쏘아진 화살이다. 이 작품의 독특한 미감은 이러한 역逆원근법적 상상력에서 산출된다. 이 작품에서 화살나무와 담배는 정물화된 풍경이나 배경이 아니다. 그것들은 화살처럼 '나'를 향해 운동할 수 있는 행위자로 승격되어 있다. 다시 말해 이 작품에서는 '나'가 풍경을 보는 동시에 풍경 또한 '나'를 본다. '나'가 화살나무와 담배연기를 바라보는 능동적 행위자인 만큼이나, 화살나무와 담배연기 역시 '나'를 겨냥할 수 있는 행위자인 셈이다.

  요컨대 모든 것이 '나'를 보고 있다. 「아싸」의 독특한 미감은 흔히 우리가 스쳐 갈 뿐인 거리의 나무와 담배연기가 자신을 "향해 있다"고 표현하면서 발생한다. 심지어 자신 또한 '나'를 본다고 그는 말한다. 그렇다면 이 모든 상황을 묘사하는 아이러니한 주체로서의 '진정한 나'는 어디에 감춰져 있을까. 그것은 이 작품 전체를 통합하는 원근법의 소실점이 무엇이냐는 질문과도 통한다. 그러나 이 작품의 정확한 소실점을 단숨에 확정하기는 어렵다. 왜냐하면 '나'는 길게 가지를 늘어뜨린 화살나무를 바라보기도 하고, 반대로 화살나무의 편에서 자신을 바라보는 화살나무의 마음을 떠올리기 때문이다. 또한 담배연기를 보는 동시에 담배연기의 편에서 연기가 화살처럼 쏘아지는 상황을 상상해보기도 한다. 즉 시인은 풍경을 바라보는 것과 풍경의 편에서 자신을 바라보는 것 양쪽을 행하면서, 그 두 시선이 교차하는 '사이'를 들여다보고 있다. 이러한 시선의 교차점을 "놓쳐버린 불의 끈"이라는 비유가 가리킨다. 이윽고 "나는 이 사이 어떤 것을 넣어야 할지"라고 되물을 때, 시인은 인간과 사물이 서로 마주 보는 '사이'를 자기 실존의 위치로 상상하고 있다. 그러므로 시의 말미에 "사이렌 소리 머리가 꺼어든다", 즉 '꺼어든다'라는 술어가 활용되는 것이다.

그렇다면 이 작품은 표면적으로는 단순한 풍경 소묘처럼 보일지도 모르지만, 근본적으로는 실존적 불안을 감추고 있는 작품이라고 보아야 할 것이다. 하나의 시선 또는 하나의 주체로서 자신을 바로 세우지 못하고, 시선과 시선 사이에서 "흐느적거리며 걷는 붉은 나"를 우리는 발견하게 된다. 그러나 "그래 나를 맞혀 네가 밝아질 수 있다면, 파고드는 아픔까지도 내 것이다"라는 문장에서 유추할 수 있듯 시인은 불안을 회피하기보다 직시하고 그것을 받아들이는 태도를 취한다. 결국 이 시집의 시적 자아는 '사이'에 놓인다. '사이'란 주체의 현기증을 가리키는 다른 이름이다. 사물의 편에서 자신을 관조하는 것과 주체의 편에서 세상을 바라보는 것 중 어느 한쪽을 확고히 '자신의 것'으로 단언하지 않는 실존적 불안, 하지만 그 실존적 불안을 자기 존재의 위상을 결단하는 정신을 '사이'라고 부를 수 있다. "아웃사이더"와 "사이렌"이라는 단어에서도 '사이'라는 음성을 발견할 수 있다는 바는 흥미로운 우연이다.

우리는 이 시집 전체에서 '사이' '틈'과 같은 단어가 자주 반복되는 것을 확인할 수 있다. 대개 그 단어들은 일상적으로 우리가 주목하지 않는 시공간을 지칭하는 데 활용한다. 버스를 타고 창밖의 전광판을 "눈 깜짝할 사이"에 스쳐 지나가는 순간이나(「17:07:14:99 미소微小시간」) 창문 틈 사이로 태양이 떠오르는 아침(「보이지 않던 것이 보이는 순간,」)처럼 말이다. 그런데 대수로운 것 없는 그 일상적 시간에 시인이 '사이'라는 단어를 덧붙일 때, 지루한 현실이 탈주체적 원근법에 의해 탈바꿈된다. 시인은 "격자무늬 타고 노는 남극 펭귄 커튼 주름 넘나드는 북극곰 햇살 반짝이는 눈꽃들 사이"(「자오선」)라는 문장처럼 단순한 '방'을 남극과 북극이 통하는 장소로 상상하거나 "컵과 컵 사이, 틈 비집고 올라오는 싹들이 궁금해 그런 잎들의 시간이고 싶어"(「3은 둥글고 4는 뾰족하다」)라는 문장처럼 지루한 대화를 뒤엎어버리는 "잎들의 시간" 속으로 걸어 들어간다.

3. 보이지 않던 것이 보이는 순간, 그러나 끝내 침묵하는 것

지금까지 살펴본 바에 따라서 우리는 김뱅상 시인의 시를 하나의 파격이라고 단언할 수 있다. 형식면에서 그의 시는 일상적 시선을 해체하며, 세상을 보는 주체의 위치를 자유롭게 변경한다. 그는 때론 풍경을 바라보는 동시에 풍경을 보는 자신을 바라보기도 하고, 풍경의 편에서 자신을 바라보기도 한다. 한편 소재 면에서 그는 스쳐 가는 거리 풍경이나 지루한 대화의 순간처럼 대수롭지 않은 '미소微小시간'을 주목한다. 미소시간이란 우리의 의식에는 기억되지 않은 채 흘러가는 사소한 순간들을 의미한다고 볼 수 있다. 시인은 그것을 "잎

들의 시간"이라고 바꾸어 부르며 다시금 우리의 의식 안에서 생동하게끔 만든다.

「보이지 않던 것이 보이는 순간,」이라는 시의 제목처럼 그의 시는 보이지 않던 것을 보이게 만들고자 한다. 따라서 이 시집을 이루는 주된 내용은 우리가 의식하지 않았던 일상적 순간 혹은 일상적 사물이다. 시 전반이 소박한 풍경이나 사물을 묘사하면서 자신의 감정을 투영하는 서경시라고 볼 수 있다. 하지만 김뱅상 시인의 서경시가 단순하게 느껴지지 않는 이유는 재현 과정에서 풍경을 일방적으로 재현하는 주체의 위치를 제거하고, 마치 대등한 타자로서 풍경과 인간의 시선이 교차하는 복잡한 공간을 만들어내기 때문이다. 거기에는 단순한 존재를 인간처럼 복잡한 주체로 승격시키려는 욕망이 깃들어 있다. 그래서 시인은 눈길이 가지 않는 풍경에 신화적 상상력을 도입하거나(「크로스컨트리」) 그러한 풍경을 진술하는 시선을 이중화하거나(「맑음」), 풍경을 바라보는 시선을 분열시킨다(「포스트잇」).

일상적 지루함과 사소함을 전복시키는 좀 더 간명한 방식은 사물을 성애화하는 것이다. 「남바람꽃」 「벚꽃 시그니처」 「참새」 등의 작품에서 자연물은 성애의 대상처럼 그려진다. '남바람꽃'은 "마지막 무대의 배우처럼" 탱고를 추고, '벚나무'는 "안쪽 깊숙이 숨겨둔 거시기찌"를 감추고 있으며, 참새는 "오동통 영근 까만 오디의 엉덩이"를 먹는다. 이러한 풍경 소묘가 우리의 관심을 끈다면, 그것은 자연물이 단순히 관조의 대상이 아니라 만지고 맛보아야 할 접촉의 대상으로 변화했기 때문이다. 나아가 그의 시에서 꽃과 풀은 때론 서로 '밟고 때리며'(「파양」) 경쟁하고 때론 서로 "손에 손을 잡고" 연대하는(「맨몸」) 행위자다. 심지어 떨어진 하나의 꽃잎조차 "보이는 그대로가 나라고"(「다다」) 선언하는 고유한 존재로 승격된다. 그것들은 마치 인간처럼 고뇌하고 갈등하는 내면을 지닌 존재처럼 다뤄진다.

지금까지 이 시집의 전반적인 형식을 분석하여 우리는 이 시집의 가장 근원적인 열망이 무엇인지 유추해볼 수 있게 되었다. 원근법의 해체, 사물의 성애화라는 두 가지 형식은 결국 보잘것없는 것들을 지극하게 대하는 태도로 옮아간다. 세상의 그 어떤 사물과 어떤 찰나도 흘려보내서는 안 된다는 다정한 강박이 그의 시를 맴돈다. "곳곳에 숨겨진 2배속 4배속 16배속 어둠"(「어둠의 독촉」)을 들여다보기도 하고 저녁 산길을 달콤한 차를 마시듯 산보해보기도 한다(「카푸치노 마시다」). 또한 짝이 떠난 직박구리의 날개를 보듬어 위로해보기도 하고(「이별 직후」) 시장 사이에서 타인의 "그을린 손등 주름"(「파설초 꽃」)에 눈길을 두기도 한다. 이렇듯 세상의 서늘한 어둠과 따스한 기쁨을 하나도 놓치지 않고 맛보려는 마음, 모든 사소함과 여린 손을 감싸려는 마음을 발견할 수 있다. 그런데 이 마음의 기원은 무엇일까.

   귀가 잠들지 않는 밤이다

   시레솔 드나들었던

서른일곱 해의 창고에는 어떤 것이 먼저 버려졌을까

안으로 굳게 잠긴 문

다시 두드린다, 문을
두드려도 열리지 않는

가끔은 손잡이를 돌렸었는데
손잡이 잡는 방법마저 잊혔고

침묵은 검은 구멍 움푹하게 패고

여기서부터 1억 광년이나 떨어진 문
붕괴를 기다리는 무한대의 침묵

─「귀」 전문

  여러 작품에서 우리는 시인이 자신의 내면으로 향하는 것을 확인했다. 줄곧 그는 풍경을 보는 자신을 보고, 풍경의 편에서도 자신을 본다. 그중에서도 「귀」는 가장 선명하게 자기 내면을 향한 시선을 그린 작품이다. "귀가 잠들지 않는" 불면의 밤에 그는 마음속 "서른일곱 해의 창고"를 두드려본다. 그런데 시인은 자신의 내면이 "안으로 굳게 잠긴 문"처럼 닫혀 있다고 쓴다. 문을 여는 방법을 잊어버린 채 단지 "붕괴를 기다리는 무한대의 침묵"과 마주하고 있을 뿐이라고 말한다. 마찬가지로 우리는 이 시집의 형식을 이끄는 동기가 무엇인지 묻는다면, 이러한 침묵을 마주하게 된다. 왜 세상을 분열적인 시선을 통해 바라보아야 하는가. 왜 그는 의식의 휴지休止와 '미소시간'을 주목하는 것일까. 이 질문은 이 시집 안에서 해답을 구하기 어려운 것이다.

시편들에서 자연물에 대한 묘사가 부각되지만, 그것이 자연에 대한 생태주의적 구호로 흘러가는 것이 아니다. 더불어 사소한 것들을 주의 깊게 들여다보는 태도만큼 타인을 위한 연민이나 윤리적 메시지가 두드러지는 것도 아니다. 사회적·윤리적 차원에서 질문을 던지는 것으로 그의 시는 해명되지 않는다. 단지 그는 자신의 방식으로 세상을 바라보면서, 그러한 자신의 시선을 여실히, 그렇게 여실히 되새기고 있을 뿐이다. 실존적 차원에서 그는 이렇게 말하는 듯하다. '나'는 "침묵"이고 "검은 구멍"이며 "여기서부터 1억 광년이나 떨어진 문"이다. '나'에게 가장 먼 것은 '나' 자신이다. 이 시집은 가장 근원적인 '나'에 대해서 쉽게 드러내지 않는다.

이 해설의 결론을 써나가며, 나는 아마도 김뱅상 시인의 시를 정확하게 이해하기 위해서는 그의 시를 가치 평가해서는 안 된다는 생각에 도달한다. 가치 평가는 근본적으로 사적인 것을 공적 담론으로 환원하는 방식이 될 수밖에 없다. 그러나 그의 시는 끝내 실존적 진실을 우리에게 드러내지 않는다. 그의 시는 무엇을 위해 쓰였는가. 시인은 우리에게 어떤 진실을 건네는가. 정말로 그는 우리에게 말을 '건넨다고' 볼 수 있는가. 다만 김뱅상 시인의 시는 어떤 실존적 고투의 흔적을 우리에게 보여준다. 우리가 감지하는 것은 자신의 존재를 거대한 침묵으로 느낄 수밖에 없는 한 사람의 무력감과 불안이다.

　이 시집의 중심에는 "무한대의 침묵"이 놓인다. 그 무한대의 침묵 너머에는 무엇이 감춰져 있을까. 어쩌면 그것은 "MRI 안에서 내 몸을 부수는 포클레인 소리/ 손발이 묶여 꼼짝할 수 없었던/ 밖으로 달아나고 싶었던 무서운 기억"(「파동」)과 같은 트라우마일 수도 있다. 혹은 "만세 부르며/ 혼자의 방에서 일인의 몫을" 누리는 자족일 수도 있다(「다다」). 하지만 시인은 고백을 미루어둔 채 "조각 같은 나를 기억해 줘"(「낮달, 달맞이꽃, 도자기, 표정 있는 얼굴, 루메네스, 꽃무릇, 상처, 노래, 가마,」)라며 호소하거나 "입으로 사라졌던 빵 조각처럼 쉽게 죽을 수는 없어"(「심부름 로봇을 사 줘」)라고 발버둥 치면서 "누군가에게 신호를 보내야 할까요"(「입동」)라고 반문한다.

　침묵은 적어도 몸짓으로 번역될 수 있을지도 모른다. 시 「옆어지는 1월」에서 그는 웅크림과 펼침이라는 두 자세를 대비하며 다음과 같이 말한다. "옆어지는 가슴과 무릎 끌어안고 웅크린 채 가만히 있다 옆어진다는 것은 펼치는 일". 우리는 이것을 존재의 유비로 읽을 수 있다. 몸을 펼치며 자신을 '옆어지게' 만드는 존재 방식이 있다면, 반대로 웅크리며 자신을 '새어나가지 않게' 지키는 존재 방식도 있다. 이 작품은 "회색 눈물"을 흘리고 "고양이 울음소리 같은 기침"을 하다가 "나는 흐려진 지퍼를 잠근다"라는 문장으로 끝맺는다. 눈물과 기침으로 호소하다가, 끝내 자신을 잠그고 침묵하는 이 자세야말로 그의 시에서 반복되는 것이라고 할 수 있다.

어쩌면 우리가 삶을 견디는 방식도 그리 다르지 않을 수 있다. 모든 인간 또한 침묵하며 살아간다. 그리고 마음의 둑에 가끔 물길을 내듯, 인간은 내면의 침묵을 조금씩 흘려보내며 삶을 견디는 것인지도 모른다. 그렇게 시인은 물방울을 모으고 흘려보내는 '연잎'의 자세를 응시하며 "모으는 것과 모이지 않는 것 사이"(「오후 네 시의 벨소리」)에서 삶이 얼마나 더 전진해야 하는지, 얼마나 더 오래 "젖어 드는 가슴"(「저녁놀」)을 견뎌야 하는지 되묻는다. 이때 김뱅상 시인은 삶의 진실을 '나만' 모르는 것이라고 말한다. 세상은 이미 알고 있다. 풍경은 우리 앞에 어떤 힘든 고난과 오래된 인내가 기다리고 있는지 알고 있다(「나만 모르는」). 자신의 운명은 자신만 모르는 것이다.

  결국 막막한 삶을 향해 전진하는 존재의 무력을 들여다보는 마음이 곧 세상의 사소한 존재와 순간을 보듬는 마음으로 확장되는 것으로 판단된다. 휘청이면서도 한 걸음 내딛어보려는 그 의지가 세상을 어르는 자세로 옮아가는 것처럼 보인다. 시인은 전진한다는 것은 젖는 일이며, 젖은 몸의 무게를 견디며 길 위에 자신이 서 있다고 쓴다. 그런데 그것은 기로이기도 하다. 물기를 털어 내거나 짊어지는 것, 자신을 웅크리거나 펼치는 것, 그 사이에서 완고히 자신을 지키기보다 차라리 "번지며 간다"(「저녁놀」)라고 시인은 분명히 쓴다. 자신을 잃는 여정, 자신을 희박하게 만드는 그 여정 끝에 무엇이 놓일지 우리는 알 수 없다. 다만 우리는 자신을 어르듯 또는 세상을 어르듯 내딛는 발끝을 어떤 조바심으로 지켜볼 뿐이다.

|김뱅상|

경북 안동 출생. 2017년 『사이펀』으로 등단하였으며, 시집으로 『누군가 먹고 싶은 오후』가 있다. 2019년 문학나눔 우수도서에 선정되었다.

이메일 : sukhee1796@hanmail.net

어느 세계에 당도할 뭇별 ⓒ 김뱅상
―――――――――――――

초판 인쇄 · 2021년 9월 16일
초판 발행 · 2021년 9월 27일

지은이 · 김뱅상
펴낸이 · 이선희
펴낸곳 · 한국문연

서울 서대문구 증가로29길 12-27, 101호
출판등록 1988년 3월 3일 제3-188호
대표전화 302-2717 | 팩스 · 6442-6053
디지털 현대시 www.koreapoem.co.kr
이메일 koreapoem@hanmail.net

ISBN 978-89-6104-296-3 03810

값 10,000원

* 잘못된 책은 바꾸어 드립니다.

본 도서는 울산문화재단 '2021 울산예술지원 선정사업'의 지원을 받아 발간되었습니다.